ペンシルパズル本　ぬりかべ　NURIKABE 4(1999),5(2001),6(2002),7(2004)
by Nikoli
© 1999,2001,2002,2004 Nikoli Co., Ltd.
All right reserved.
Original Japanese edition published by Nikoli.Co., Ltd.
Chinese translation copyright © 2020 by BEIJING ORIENTAL KELONG TYPESETTING
& PRODUCTIONS CO., LTD

好玩儿的谜题 数墙

〔日〕Nikoli 编
数独无双 译

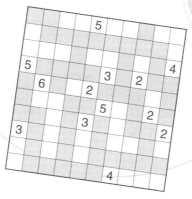

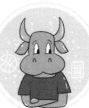

科学出版社
北京

图字：01-2020-3006号

内 容 简 介

数墙是日本 Lenin 发明的一款涂画类谜题，规则简单，易于上手，不仅可以给你带来涂画的乐趣，更可以锻炼观察和推理的能力，对空间观念的培养也有很大帮助。

本书由 Nikoli 公司为中国读者量身打造，包含 200 道题目，难度跨度为初级、中级和高级，在阅读数墙规则和解题技巧后，通过逻辑推理解开所有题目，相信你一定会爱上数墙。

图书在版编目（CIP）数据

数墙/（日）Nikoli编；数独无双译.—北京：科学出版社，2020.7

（好玩儿的谜题）

ISBN 978-7-03-065414-4

Ⅰ.数… Ⅱ.①N… ②数… Ⅲ.智力游戏 Ⅳ.G898.2

中国版本图书馆CIP数据核字（2020）第095156号

责任编辑：孙力维 杨 凯／责任制作：魏 谨
责任印制：师艳茹

北京东方科龙图文有限公司 制作

http://www.okbook.com.cn

科 学 出 版 社 出版
北京东黄城根北街16号
邮政编码：100717
http://www.sciencep.com

天津市新科印刷有限公司 印刷

科学出版社发行 各地新华书店经销

*

2020年7月第 一 版 开本：880×1230 1/32
2020年7月第一次印刷 印张：7
字数：222 000

定价：39.00元

（如有印装质量问题，我社负责调换）

前　言

　　随着数独等一系列数字逻辑谜题的发展，数墙也迅速崛起。

　　数墙（Nurikabe），是日本 Lenin 发明的一款涂画类谜题。在日本神话中，"Nurikabe"是一面隐形的墙，它会阻挡旅人的路，使人迷失方向。如今，数墙已经成为规则相对简单而更加具备挑战性的谜题。

　　与其他逻辑谜题不同，数墙根据规则建立墙体，分离提示数字，使得每个数字所在区域相互隔离，且墙体互相连通成一个整体（不得出现 2×2 的正方形区域）。规则简单，易于上手，不仅能够锻炼观察和推理的能力，对空间观念的培养也有很大帮助。数墙的世界，是一个非黑即白的二元世界，你要决定的是哪些格子需要涂黑，哪些格子应该留白，如果数独带给你的是填空的快感，那么数墙将给你带来一种涂画的乐趣。

　　数墙的难度与其盘面大小紧密相关，难度迥异，你或许会花几分钟甚至几小时去解决它，然而，解题过程富有挑战性，一步错步步错。

　　这里给大家几点解题的小提示：

　　（1）从简单情况入手，比如提示数字"1"。

　　（2）用点标记你认为不能涂黑的方格。

　　（3）寻找一些地方，使得墙体只能从这里经过才能保持连续性。

　　（4）检查是否存在 2×2 的墙体。

　　（5）在填涂方格或者标记为点时，再次检查一遍。

　　如果你喜欢数独或者其他逻辑谜题，相信你一定会爱上数墙。

目　录

规则及解题技巧

数墙题目的格子中都包含一些提示数，根据规则涂黑格子以建立墙体，从而分离提示数字，使得每个数字所在区域都相互隔离，且墙体能连成一个整体，并满足如下规则：

（1）在盘面内涂黑若干空格，所有涂黑的格子必须连成一道完整的墙。

（2）不能出现 2×2 的墙体。

（3）墙体将盘面隔成若干个留白的区域，每个留白区域只包含一个提示数字，该数字为本区域内的白格数（标有数字的格子也算作白格）。

由以上规则可知，数墙是一种寻找哪些格子涂黑，哪些格子留白的谜题。

★ 例　题

	4								
					1			2	
									4
		3					1		
	4								
					2		3		
			6						3
			5		4				

确定好留白的格子后，标记“·”，会在随后降低其他选择的可能性。

根据规则（3）可知，留白区域只能含有一个数字，因此，例题中最下行的数字“5”和数字“4”之间的空格如果留白的话，留白区域就包含两个数字了，违背规则（3），所以只能涂黑。又由于所有的涂黑格子必须连接成一道完整的墙，所以该格子只能向上延伸，涂黑上面的格子。

同理，观察盘面左侧的数字“3”和“4”，它们对角分布，因此相邻的格子涂黑，是不是很简单？

如果是数字“1”，那么其上下左右的格子都要涂黑。

继续观察图，Ⓐ格如果留白，其中没有数字，违背数墙的规则，所以只能涂黑。又因为不能出现 2×2 的墙体，所以Ⓑ格和Ⓒ格只能留白。

再观察盘面右上角的数字“2”，Ⓑ格留白，那么数字“2”周围的格子必须全部涂黑。

ⓒ格留白，如果其下方的格子留白，就会导致下方的数字"2"所在的留白区域包含 3 个格子，违背数墙规则，所以ⓒ格下方的格子只能涂黑。从ⓒ格向左侧延伸留白一格，如果继续向左留白一格，那么就会和数字"3"连成空白区域，并且包含 4 个空白格，显然违背数墙规则，因此数字"3"右侧的格子必须涂黑。所以数字"3"所在的空白区域只能向上延伸。

像这样，向前推进一点就会出现新的线索，依此线索再继续向前推进。

切记，所有涂黑的格子要连接起来不能断开。留白的格子一旦确定延伸方向，就立即向前推进。做题的时候一定要细心，如果提示数字和留白区域所占的格子数不同就悲剧了。

解题技巧多种多样，希望大家能够摸索出更多的技巧。

★ 中间步骤

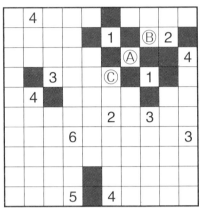

★ 答　案

初 级

001

1			2		3				
								2	
3						3			
							2		
2			1						
									2
	1					2		2	
			6						
		1		1					
	4						2		1

002

4		3							
						1			
			2						
					2		5		4
2			1						
4					1				
							2		
		5						1	
	3								

003

		2				4		3	
	6								
								5	
				4					
									3
					4		4		1
6		2							

004

									4
	3			2					
2						2			3
					4				
	4		2						3
							3		
						2			3
3		3							

005

	1		2					1	
3		4				2			3
							3		
					2				
	2		3						
						2		2	
	1								3
		2				2			

006

	3			4		3			
		2							
									2
	4					2		4	
				3					
	2					1			
				2					
				4			4		2

007

				5					
									4
5					3		2		
	6			2					
					5			2	
				3					2
3									
						4			

008

		5							
				5				3	
					10				
			4						
3									
						3			
2									
				2					
4								1	

009

4				1				3	
	1					1			
				2				4	
	3								1
						3			
4			3				1		
									4
	3				5				

010

		4						4	
	3						4		
							4		3
3		3		4					
3		4							
							3		4

011

									4
6									
4						4			5
				2					
							1		
						6			
							1		
		2		2					
	6						2		3

012

							4		
	1		1						
		3							
3					1				
				1			3		4
		2			1			1	
				2					
								4	
									1
3		2					4		

🏠 013

3		1			4			
								3
				3			1	
					4			
			1			2		
			3		1			
		5		4				2
		1					4	1

🏠 014

3		4						
							1	
						4		
		4						1
			2					
2						2		1
				3				
4					3			3
		1			4			

015

3				5					1
		4						2	
						1			
					2				
						5			
8		7			5			6	

016

3		2		3					5
							3		
			2						
4		4		2					
								3	
					2				
								1	
	2			1		2			4

017

			2		1				3
	1								
									5
		3		4					
					1		2		
5									
								3	
6				6		2			

018

		1			6				
	2							1	
									3
				4					
					2				
6									
	5							5	
				2			4		

019

		4							
			4						
	4								4
			5					1	
						2			
3									3
					3		1		
1		2		3					
							3		

020

	2		3					3	
	2								3
			3		4				
		3					2		
			3						
		3							
5									
			1		3		3		4

021

	4					4			
		4							
4							3		4
			3			5			
3									
			2				3		
			4				3		

022

			3						
		2						5	
				1					4
	7								
5							1		
		1							
					1				
			3					4	
		3					2		

023

4			5						
		3							4
								2	
		3					3		
			3						2
							2		
	2								3
					3				
2			2				2		

024

5		3							1
					2				
							7		
4				3					
					5				4
		2							
				3					
2							2		1

025

	4		4			4			3
		3							
			3						
		3						4	
		3				3			
		5				5			

026

		3							
						5		1	
					2				
		2							
					3				4
		10							
			6						
		9							

027

		1						5	
	3						2		
		3						3	
				5					
					1				
	2						1		
		4						5	
	1						4		

028

				3					4
							1		
4						2			
		3							
	2		1			3			
									4
4		5				4			
			3					3	

029

					5				
					5				
	3								
		6			2		2		
	3								
		6							
							4		4
				1		1			

030

		2				2			
	5								2
			3			2			
					1			2	
		4							
				1		2		4	
							2		
4		4						1	

031

3		12		4				
							3	
							3	
		2						
							1	
		6						
		2						
					2		1	7

032

17		4			5			
					5			
				3				
3								
				2		4		
	1							

033

3				4		4			
4									
					2				3
							2		
		4							
3				3					
									3
			4		3				5

034

	3		3			3			
	3				3				
	3			3					3
			3						
							3		
						3			
							1		3
		3		3					

🏠 035

5							3		
			4					1	
						2		2	
		4		3					
					4			1	
1									
					4				
			1						
		3							3

🏠 036

6		2			3				
		1					4		
			2		5				
2									
					2				
		3		3					
2			2				2		4

037

	9								5
		5					2		
			2		3				
			3						
	3								
	4				3		5		4

038

			4						5
			4						1
			6						4
1						5			
3						2			
5						8			

039

						2		6	
			3						
					3		4		
2		2							
							3		5
		3		4					
						2			
	2		4						

040

				3					3
	3					3			
3									
			3						
						3			
		3							
	3				3				3
				3					
		3					3		

041

10		5		3					1
							4		3
3		3							
4					1		2		10

042

4									4
					3		3		
		3							
			3						
							3		3
			4					3	
4			3		3		3		

🏠 043

				4		4		
						3		6
2			4				4	
							1	
	4							2
		4		4				
					3			

🏠 044

8			1		5		
							7
4							
					2		
3			3				
		2					2
4					4		

045

				4				3
2								
	1							2
			3					
		3						4
1					4			
				6				
4							1	
								4
1				4				

046

	5				4				
		5				2			3
								5	
	2								
1			4				4		
				6				3	

047

		4							4
	2								
					1		2		
			2			5			
	2								
								1	
			2			1			
		1		2					
								3	
7							3		

048

5		5							
							1		3
					2				
				4					
3		2							
							3		1
					1				
				3					
3		2							
							4		1

049

5			7			6			
				3					
							1		
						1			
						1			
					4				
		1							
			3						4
3									
					2				6

050

		4				5			
							4		
2									
					6				5
3				5					
									3
	1								
		2				6			

🏠 051

3		8				2		
			1					2
4				1				3
			5					
						3	3	
								3
2		4		2				

🏠 052

							3	
					3			
				5				
						3		
5								3
5				5		3		
	5					3		3

053

									5
		5							
	1				2				4
		3			2				2
4									
			3					3	
	1					4			
				2					
		3							

054

	4				2				2
	3			3				4	
									3
2					2				
								4	
	5								
		4		3					
					2			2	

055

		4		8					
	8				6				
					4				
				2					
				2				2	
									6
	4								

056

		2							
			3			4			
									2
		1			5				
5									
				2					
	6					3			
									4
					2				
				4					3

057

			4		6				
		2							2
			4			2			
		3							
					3				
	1			4					
								4	
				6			4		

058

					5				
				5				4	
3				4			1		
		4			2				6
	2				3				
				5					

059

						3		4	
			2						
4									
								1	
				3					2
6					4				
	3								
									3
						6			
	3		2						

060

4		2					1		
					3				
	1			3					
					3			13	
				2					
		5					5		3

061

				5		2		1
				3				
				1		2		9
6		3		4				
				3				
4		2		3				

062

			5					
					5			
			3			2		
					7			
7				4				6
					3			
	7							1

063

			5					
1			2					
				7				
6							7	
	3							2
1				3		6		

064

		5						
	2						1	
						10		
							2	
				6				
			1					
	1							
	2							
	7						3	
						2		

🏠 065

	3		2			3		
							3
	2			2			
4				5		1	
	5						
					5		3
	2			5			
3			1				1
							3
2				3		2	
2							
			4			3	
2					2		4

066

			3						1
				3				2	
		3						3	
	6								5
	3								
3					4				
				3				6	
									3
		3							
	1								
	4								
		3							
									10
			3					4	
				3					

067

9		1							8
						2			
3		3				3			
9				1				2	
	5				4				2
		3					5		9
		6							
3								6	1

O68

	8					5			
		6							
								4	
				4					
2			5						
									6
									5
					5				
5						3			
									1
				2					
			2			2			3
		7							
			3						4

069

									4
						2			
8		5							
	4				1				
						3			
								2	
		3							
				2					
						6			
			3						5
					1		1		
				1		3			
6			3						
					1				
				4					
					6		3		5

070

		2							
			4					2	
									4
		1			4				
			2			4			
6									
						4			
				5					
		2							
								2	
5						6			
			2		2				
3									2
		3							1
3		3				5			2

071

8						4			
3									
2		3		2					
									4
	5			3		5			
							4		4
					3		3		
			2						
					2				
			6						
						6			
2			3						
				3					3

072

6						3			
3						4			
			4		3				
2									2
			5				3		3
		4							
			3						
							2		
6									
			2		3				3
						4			
				2					
	2						2		
		3						6	

073

	4	3			2	3	
						6	
	2						
						2	
	5		2		4		
						2	
	2		3			3	
	3					3	
		2					
3						4	
					3		
			2				
		2					
	6			6		3	

074

9		3			5			
					6			
5								
3			4		3			
						1		4
3	1							
		4		5				9
								7
		7						
		3				2		1

075

									7
4									
	4		3					3	
				4			3		
				8					
			3						
						1			
	2				5				
		6							
	3			5			1		
3			2					3	
10									

076

3									
				3		3			
1									
						3			
		2							
							9		
1				5					
				9					
							6		4
3		5		10					
9									
					5				
									4

077

	1		4			4			
4		4							
							5		
				5					
						4			
4									
		2			3				3
								2	
			3		4				
3			4						
	4					3			
									5
						5			

078

		3					4		
						1			
		6						2	
				2					
5							3		
									5
		2							
		4							
						5			3
		3							
			4			4			
	2						4		3
					4				
2									4
4				2		1			

079

7				4					
						5		1	
5									
					3			3	
				3					
4									
			7			10			
									9
	9								
		6			5				2

080

				4			2	
3		5						
						2		
4								
							4	
				1				
6								
			3				3	
		5						
				5		2	4	
				2				
			1				4	
	4					2		
		2						2
		4			3			5

081

3		4					5		
							4		
			4		3				
3									
4			4				5		3
			2						
						1			
4		4				3			4
									4
				3		8			
		3							
		3					2		1

082

			3					
	4							
2					4			
				2				
		2				2		6
1					2			
				2				5
		3						3
						1		
4			2		4			
	2			2				
							4	4
				3			4	
	4		2					

083

1				2			4		
					5				
								4	
				3					
	6				1				
					11			4	
6						7			
				5					
		1							
				1		3		3	
	3								
		1		3			4		

084

		3		4				
3				4				
						2	6	
		2		4				
								4
	1		5					
					3			
1			3					5
4			4			1		
					3			
							3	
					6			
2		4			3		3	

085

3			5				4		
							1		
			3						
				3					
		3						11	
							2		
				1		4			
	3		7						
5									
2			2						6
							7		
5									
					7				

086

					10				
11									
	11								
5									6
		7							
5				4					
	9								
			3		3				4
								4	
	6		4						

087

		4							4
2		3				1			5
			1			5			
3			3				3		
								2	
2				4					
					4				1
	5								
		3				1			4
			1			5			
1			3				2		2
6							3		

088

	3		6						6
1				4					
	7								
4								4	
		5							
	5					3			
					3				
							2		
					7				
	4		2						3
4			2						4

089

							2		3
5					3				
	3			5					
								3	
		2							4
2									
							4		
					3				
				2					
		4							
									3
5							3		
	3								
					4			5	
				2					6
4		3							

090

							2		
5						1			
	4			2					
							2		
6					2				4
							2		
				4				3	
		4							
			4			3			2
2							3		
									3
4				2					
							2		
				8					1
		4							3

091

		2					4		
								3	
1									
	4			5					4
3						10			
							2		
			4						
							3		
						1			
									4
						3		3	
			5						
		10							
			1			3		2	

092

	4								
		4							
							5		
								6	
				2					
4					1			4	
	3						6		
		2							
			1				5		
						3			
		4							
3									
				3					
					3				
								4	
		4						3	
			5						

093

	3			6					
					3			1	
									3
			3						
4					11				
		1				1		5	
	3		2				4		
				6					1
						2			
4									
	3			4					
					5			7	

094

		6							
	2								
		6							5
	5			3				7	
			5						
				6					
			4						
	4								
		4				6			
					3				
2									
	2								
			3						
			6						

095

		3					2		5
	3								
						2			
	4						10		
4		4							
							3		
		3						1	
						8			
2				3					3
								4	
3									
						3			
1			2						
						1		3	

096

	3								
				2				4	
					5		5		
		4		5					
4									
				4					
2			4						
									3
	2								
									5
			2						3
					7				
	8		5				2		3

097

	3			2					4
	1			4		5			3
					3				
4									
			1					1	
					2				
1				3					
						4			
3									4
					4				
						3		1	
	3		5						5
3									
			3			3			2

098

10									
				2		4			
							5		
			6						
5		3			3				
	5				2				
				5				1	
				5			2		1
						1			
		5							
			5		5				
									6

099

5									3
						2			3
4				4					
		6					1		
3			2						2
								4	
						4			
						3			
	5								
2			4						
					5				
	3								5
5									
					4				4

100

							3		
3								4	
		3							
3			4						
					3				6
				3					
		2					4		
1									
							3		
	6								
2							2		
			5			2			
		1		4					3
									4
5		6							

101

				3					
					5				
				6					
		2							
	7								
		3			2				
						4			
					2				
3		3				3			
	1								
									8
							3		
			4						
3					4		4		2
						5			
		2							

102

4		6							3
						2			3
							2		
5								1	
	3				4				
1				2					
			3				3		4
4								4	
		2							
					3				
		3		4					
									2
4								3	
				1					
		1						4	

103

						4			4
	4						4		
		4		4					
4									
		4						4	
				4					
					4				
									4
			4						
4				4			4		
4									
	4					4			
		4						4	

104

3			3						4
		2							
					2		4		3
			3						
4									
			5						
					4			3	
4							4		
	3								
						2			
			2						
									3
			3					2	
				2		3			
5		3					3		

105

		4						1	
	4								
				3					2
							7		
3									
	2			7					
							2		
					1				
3			3				1		
	2			5					5
					2				2
		5							
3			2						
							3		5

106

				4		2			
			5				4		
	1				1				1
			5				5		
6				2		3			
					4				
			1				3		
4					3				
			3				3		
					14				
			3						

107

4						4			
1						4			
4						7			
		4						2	
			3						3
					3				
				2					
4						1			
	8						3		
			1						1
			5						4
			4						4

108

	3								
				10					
				2					
					1				
		6							7
5									
							3		
		2							
			10			4			
		9					5		
			3						
			2						
		4							
									6

109

		7					2		
			3					1	
		2					5		
		4			4			3	
			2			1			5
		2					2		
	7					3			
		6					2		
		2			3			4	
			7			2			2

110

8								1	
	4						2		
		4						2	
			1			4			4
					4				
				4					
					5				
				3					
7			5			2			
	1						3		
		3						5	
	4								2

111

8		6				4		
								1
				1		6		
								2
								3
								4
7					1			
		7		3				
		3						
			2		5		3	
		2						
	1		3					
4				1		2		4

112

								2	
2		5		1		3			
								2	
	3								
								2	
	2								
			5		5		1		2
	3								
								2	
	1								
								2	
2		3		2		6			
								1	
	4								
								1	
	1								
			1		3		2		2
	3								

113

4					4				
			6						
							5		
				1					
			5		3				
	4			1					
			4		2				
									5
			4						
									5
					7		3		
		5							
4		3				4			
									1

114

		3							
	3				2				3
	5								3
						6		1	
				4					
			3		4				
3									
					3		5		
		4							
1					4				
			3						
	2								
					5			3	
									3
3		2							

115

		2				4			
	6				7				
					3				
				3					
	3								
7				3		2			
			2		4				5
								3	
					1				
				3					
				4				3	
			8				6		

116

	8		4						
						6			
			4						
				4					
			2						
							2		
				7				5	
	3								
					4				
		3							
	6			4				5	
			3						
						2			
				6					3

117

				4					
					3				
			4				3		
	6				3				
		1				2			
4				1			5		5
	4								
							2		
4									
				3					
			4						
	5				8				
			4						

118

2									
				1		6			
2									3
		3							
									4
		3							
				3					
				4			4		5
3		2			2				
					7				
							3		
3									
							3		
3									4
			3		4				
									5

119

		1					1		3
2									
				3					
4					9				
				6					
	1								
1			3						
					2				
				3					
						2			4
								4	
					4				
				6					1
					3				
									1
10		2					2		

120

	3		3				3		4
	4						3		
2		3			4				
5					4		4		3
4									3
						4			
		3							
						2		3	
3		2							
				4					
4									
				3		5			

121

1									
					2				5
	3							1	
		3							
						3			
				2			4		
3		2							
		5							2
				4		4			
			3		8				3
	1							2	
				4					
		3							
						3			
		3							2

122

4					3				1
							3		
4						4			
	2			2					
						6			
			1						
						3			
				6					
	5		6				3		
						1			
				4			2		
		6							
				5					5
		2							

123

							3		7
			2						
	2						1		
					3				
	7		2			2			
					3			3	
						1			
							2		
					3				2
		8							
				5					2
			3		3			3	
					4				
	5								

🏠 124

	6						2	
						4		
2								
		5						
			5					3
					3			
			6				2	
	1			5		3		
		3		3		3	3	
5				3				
	2							4
	3			4				1

125

2			3				4		
									1
			3			5			
								4	
			5						
4			2				2		
					3		3		
		1		2					
		3				3			1
						3			
	5								
			4			3			
3									
		1				2			6

126

		2		1					
						7			
		1							
			2			3			
							4		
					4				
		1					3		
									4
11				1					
		3					3		
		6							
			4			1			
							5		
			5						
					1		4		

127

	6						2		
		3						3	
					4				
									1
5				7					
	2								
							6		2
3		5							
								6	
					3				1
4									
				3					
	3						4		
		4						1	

128

							4		
					7				
							2		
			8						
	1				1				
3		4					1		
			3						
									6
				6					
	4		2						
					3				
	2						13		
			5				5		

129

			4				1		2
1		6							
						3			
		4						3	
						1			2
				4					2
10					3				
3			2						
	4						7		
			5						
							1		6
1		3				2			

130

	6								2
		4							
					5				1
			3						1
3		1		4		2		2	
	4		3		8		2		7
3						3			
2				1					
							3		
7								4	

131

			6						9
		5							
			6						
					3				
2				4					
			13		3				
				7		4			
					3				
				4					4
						2			
							2		
3						3			

132

							3		5
5									
	1				1				
			3				1		
		2							2
						8			
				1					
6									
							10		
	2			5					
					1				
2		2							
									7
			5						
				2				3	
1							3		

133

2		1							
			1				11		
11									11
								11	
						3			
7									
	6								
					1				
	2								
			2						4
1						7			

134

1									
	2			3			3		
									6
	5						2		
		1			6				
						5			
				3					
		2							
				2					
								2	
	4								
		4			4				
									3
2			3						
4				5			4		3

135

	2		4		5				
									4
				4					
			3		4				
								4	
				13					
					3				
							1		
		3						3	
	6						3		
								5	
		4							6
	8								

136

3		5		3					
					3				3
							3		5
	7					3			
6									
							4		
	2								
5								5	
		4		2					
					5				
						2		3	
2		2				6			

137

		2					3	
	2					3		
				2				
			7					
	4							5
7							1	
				7				
			2					
	3							2
2							4	
				6				
			3					
		1					2	
	8					3		

138

4									6
					3				
5		3		3		10		3	
	3								
		3							
2									
	1		3		3		3		5
				5					
	4								
					3				
								3	
							6		

139

4								2	
				1			6		
6									
						1			
3					9				
			3				1		
	1								
									6
3									
								1	
		4				1			
				1					7
			5						
									3
		2			5				
	5								1

140

			4			5			
		2							
							4		3
		3							
					2				
	5			4					
4						3		5	
	4		5						
				2					2
						2			
	3								
						3			
		2						4	
							5		

141

		9					3		2
			5						
					1				
						4			
		3		5					
							2		
					4				
1								3	
	3								4
				2					
		2							
					4		4		
			4						
				3					
						2			
6		2					3		

142

			5						
4					4				
									5
7							5		
			4						
					1				
			3						5
		3					7		
				2					
						5			
								1	
6		2			2				
	4								3
							4		

143

	3			3				3	
		3							
					2				
			3						2
4					3		6		
						1			
3		3							
							4		1
			4						
		2		5					4
1						3			
				3					
							2		
	4				4			6	

144

	4								
		5							7
						5			
		6							
					6				
			2						
3									
									2
		8							
				2					
3					12				11
3					1				
									3
	3								

145

			6						4
	5								
		11							
	5		4						
			3						2
						3			
					3				
				7					
			5					2	
						1			
4									
		3		5					
13									

146

				4		4			
	4						1		3
				5					
3									
						1			4
							7		
			4						
									4
					4				
						2			
	7								
		7							
							4		
			3			4			
				6					
		2							

147

3									6
		3							
									4
			3						
								3	
				8					
3						2			
									4
1				2					
					7				4
2									
			2						5
					1				
	4								
						3			
2									
							6		
1									3

148

		2				3			
1									
		6			1				5
							5		
		4							
		2							
								3	
							5		
		5							
	6								
							4		
							5		
		2							
4				6			2		
									6
			3				4		

149

					7				7
	2					2			
2									
						7			
					2				
			2		2				
	7			2					
9								7	
		2					7		
			2				2		
					2				
		2						2	
					2				
				2					

150

	5								3
	3				3				1
	6				3				4
		1						4	
				2					
2						2			
			1						4
					4				
	4						3		
2				2				2	
3				2				5	
6								4	

151

	6						6		
						4		8	
	8								
							8		
				4		8			
					4				
	4					4			
	4						6		
								8	

152

	28								
				4					
		2					2		
					5				
		1							
						3			
	1			2					
					1				
		1			5		3		
		3			3				
		1		3					
								28	

153

						2		4	
5		3		4				
		3		1		5		
				6		2		3
5		1		5				
		4		7		4		
				7		2		3
	6		2					

154

			4		5	8	
1							
3					2		
			2				
2							
		2					
						3	
			4		2		
		6		2			
	3						
					4		
							4
				4			
		1					9
							2
	6	1		3			

155

3				5					
									4
		4				2			
							2		
			2			4			
		1					4		
7				1					
					2				5
		5					5		
			1			3			
		1							
			6				3		
5									
					2				4

156

	5						5		
		2				4			
				7					
					3				
	2						4		
3								1	
					2				
				2					
	6								6
		1						5	
				2					
					1				
			2				7		
		5						6	

157

			1						
						2			
4									
							4		5
	5			4		4			
			4						
2				1					
							5		
				3					
		4					3		4
3			2			4			
	4								
			5				2		
	2								2

158

				1					
6				2		3			
3		2				4			
							5		6
		3		2					
									4
				1					
					2				
4									
					3		2		
6		2							
			2				5		3
			3		2				3
					4				

159

2					3			5	
5									
		3			5				
								2	
			4						
				3					1
				4			4		
		3			1				
5					2				
						4			4
	3								
				2			2		
									2
	1			6					5

160

			1						7
		3							
							2		
			4					5	
				2					
		5					3		
			2			3			
			2			5			
		4					1		
					4				
	1					8			
		3							
							3		
6						2			

161

							4		
			1			3			
	9								
2			6						4
					4				
								6	
		2							
								3	
				3					
5									
	5			3		5			
			5		5				5
		3						3	

162

5		4		1					
					2		4		8
				2					
				3				1	
	3								
				4				3	
	3				3				
								1	
	2				5				
					5				
3		2		6					
					3		1		6

5			1			1		9	
		3							
							5		
					1				
						3			
					1				
	2		6						
9		3				1			
		6							5
		2							
				11					
			3		2				
								5	

164

									6
2									
				1				5	
	5								
1							2		
	3								
		5		4			1		4
					2				
		1		5			2		
2			2						
							5		
4					3				
2									
			4		3		2		4

165

7									
									5
	4							4	
5					4				
							4		
					5				
			9						
	5				3				
							4		
									5
		4							
					1				
		2							
							5		9

166

						5		8	
6				3					
	3								
7					4				
							1		
		2			2				
				2					
					5				
	1							4	
						6			
	2							3	
				6					
								4	
	3								
		4							

167

									1
								2	
		2			1				
	16					4			
								1	
							2		
					7				
				1					
									4
						4		4	
		2			6				
	7								
								4	
5									4
	6								

168

		1					4		7
	3								
	1			4				2	
10									
	4		1				4		
		3				2		1	
									3
	6				3			4	
								4	
4		2					7		

169

	7					1			
		3					3		
				3					
	4				8				
4									6
								3	
			2						
		1				1			
					2				
									4
	2						6		
		4							
							2		
	6					6			
		3							

170

4					5				
		1					1		
				1					2
			3					4	
2					6				
		1					1		
									3
	4								
								1	
5									
		3					5		
				3					4
	4					3			
2					2				
		2					1		
				2					2

171

				5					
		4							
				2		3			
		2							4
3						1			
				4					2
3									
				4			3		
3		2							
							4		
			3		3				
							3		4
		5		2					
					2		5		
2		4							

172

		7		1				5	
					3				
	4								2
						2			
		2							
			1					3	
		2					3		2
			1						
									6
				7		8			
	1		6				2		
8									
		1							
						4			

173

				2					2
	3					4			
1					5				
			3						
	5								
		1			4				
			2						
								10	
		3							
								2	
	2				4				4
				4					
	2				6				
		1							
			3						
3						4			

174

			3						
						2		5	
			1						
3									
			4						
3									
			3		3		1		3
2									
									6
1									
									3
4		3		7		1			
									1
						4			
									5
						3			
	4		1						
						2			

高　级

 175

				1			4		
	4					3			
			2		3				
				1					2
11							2		
								7	
		8		4		2			3
		3						3	
			3			2			
2			1				3		
				2					
				3					4
3		2				7		1	
				2					3
2			3				2		
								5	
	2			1				3	
				14					
1							8		
			3			1			

176

				1							1		
3												3	
	1						6						
									9				
					3							4	
	3												
					5				4			2	
2			4				2			2			
											2		
							2		2				
	4										2		
			3			2		2		2			
1				1			2						
													3
		1								4		1	
			5										
3					2						2		
	3							4					
							2						
			5							3		2	
						4							2
10										2			
									6				

177

				3									
					3				1			4	
								3			3		
		4											
4			5										
	5												3
												4	
								5					
							5						
4												3	
	4					3					1		
							5		3				
										4			
								4					
				5			3						
	5				2						4		
		3										3	
								2					
									3				
	3						4						
5				4		3				4			2
			2						5			1	

🏠 **178**

2				3		6		2	
							5		
4									
			6						
1								7	
				2			1		
						1			
5		3			4				
								8	
				7					
4			2		6				
	1	3					4		
							5		
	5			3					
6									
								2	
				6		5	7		
	7							4	
		3		5				2	

179

7					3			5					
6					5			1					
6					2			8					
			3		2			2					
			1		4			5					
			7		1			8					
	8			7		3							
	2			3		2							
	7			3		3							
		2			7								3
		2			5								1
		7			4								3

180

										3	
								10			
		3									
							1				3
					13		2				
		9						1		4	
	9									4	
									3		
2											
											3
4								2			
											1
							12				
	3									3	
							2				
	3	3						2			
				5		7					
5					8						
			2						3		
5											
		6									

181

4		3		3								1	
						5							
													3
			2				1						
	3				2				6				
			4								1		
						3							
								1			4		
			3				2						
										7			
4													
		5						4					
					6					3			
						4							1
				2							2		
6								2					
											3		
			3				6		3				
		1			1			5					
			2										
										1			
						1					4		
				3									
3			4				3			5			

182

				3				3	
					3			3	
	3							3	
		3							
					3				3
			1	3			3		
3		3						3	3
					3				
						1			
3				3					3
	3		3			3			
					3				
		1					3		3
			5						
						3		5	
		3		3					
	3					3			
				3		1			
	3				3		3		
	5							3	
				3				3	
									3
5								3	

183

		3		2									5
						3		3					
2		3									5		3
						3							
	3					2							
											2		4
	3		3										
						6		3			4		
			4										
						5							2
			3										
2													3
2		3		4		4							
											5		
						4		2					
	3										3		
								3					
	3		5		3						3		2
								2					
													5
								3					
3		4		3									

184

9				7				1		5
									4	
7				5						
		3							1	
				3						
			1			9		1		
					5			7		
	4				5					6
3				1						
			1							3
	3			3			8			
										3
4		3			1					
			1							
			9							4
							1		4	
	3				1					
	2	1				2				
										3
	1				1	2				

185

5					7		8		1		4		
1			1										
													2
7													
						7		5					
											1		
			9		6								3
											4		
							4						
5		2						6					
					2						4		6
						1							
		4											
4								3		3			
		5											
					1		7						
													4
2													
										4			2
		4		4		6		1					1

186

	11		2		3					5			7
								3					
		5							1				
						2							
									3				
					4								
													4
5				3				3					
	1											16	
			2										
						12							
						4							
			1					6					
								3					
						1							
		3			5								9
5						7						5	
										3			
	1												
					3					5		1	

187

				7								6	
		7				2							
									6				2
		4											
				1						4			
4												2	
						3		4					
					3		6						2
			6										
					1							4	
	6										6		
2													
	3				4						3		4
				1						5		1	
			3										
						5		5					
2				5						3			
									1				3
	2					5		4					
													3

188

5		4					3		3		4
				5			2				
				4							
										3	
4											
	3		3		2		4		3		
						4					3
							4				
3			4			2					
		3					4		3		
					4						
	2								2		
	3				4						
	4										
2					4		3		3		4
	3						4				
	4			3							
									3		
4		6					4			6	

189

		1			3								7
	3		7										
												7	
											7		
					7								
			4					1					
										7			
	2											5	
3				5									
								3					
		3				3							
								3					
				3									
										5			
					4				7				
5		3											
	2							3					7
						5							
				6							3		3
	4				3								
1				1									6

190

			7		8					5
3	3									
										3
4										
		1								
	1			5					3	
5						5				3
					7					
		3					6			5
	6		8			3				
										4
	1							4		
									3	
						2				
			5							
					2			5	6	
	6									
	11		2		2	8				

191

7		2		3					2	6
					3					
									3	
						1	3			
						4				
4		12		1					2	
	4				3					
		3				2	3		2	
5										5
8					3		6			
						2	2			4
							12			
		3		1					5	
1				4					1	
		1				3	1			
			7						9	

161

🏠 192

		3								4		1	
2				3									
									3				3
1				5									
		3								1		1	
									3				2
5				1						5		1	
						4							
11													
						5					2		
		1					6						
													6
							11						
	2		3						5				5
4				3									
	2		4								2		
									6				5
1				1									
									2				1
	2		8								1		

193

5	9				1	6			
	7					3			
				9		3			
3	4					8			
6			3				2		
			6	1			2		6
10	6			2		5			
	4					4			1
			3				7		3
			6	5					
		4					2		
			3	5			3		1

194

	2				4						5		
						4		4					3
	3												
		1											
3							2						
				4				5					
													7
2						3							
			5		5			7			1		
									4				
	1												
				3		8							
			2						1				2
2													
						5						3	
	9												
												9	
1					2			5		7			
		1											1
2													
			6								2		
2													1

195

	6												
		7				3							4
							1		3				
											4		
6													4
						7				8			
								5					3
													4
							11						
	5					7		3				8	
				4									
	4												
									7				3
										4			
					2								
		2								4			
					5					2		6	
	9		5										

196

						8						5	
		8											
	9											7	
		5									5		
								7					
			5										
												6	
												5	
											5		
				7									
5		7								8			
6											7		
7									8		8		
	9												
										6		8	

197

		1					5						
										1			
3							4						
			3		1								
									5				
		7		4				4			1		
						1							9
												4	
			1						1				
1						3							
			4										1
						1			2				
		5		1				1			8		
7			5			3							
													5
									1				
	1			1			9				1		
			1							4			
		2		4			2				1		
												9	
4			2		3					2			

198

											3		
7													
	7						4				5		
				3		6							3
			2								5		
							2						
										1			
													6
			5				1						
											8		
1								4					
			7		1								
	4								4			1	
							3						
										11			2
				2									
												2	
		6					1						
	4								3			9	
						1							
													3
6		2								7			

199

4								4				3	
					3					4			
3		2											
							2						
4						3			3			4	
				4									4
											5		
		3		6		1			2				
		2		4				1				8	
											3		
								11					
4				3									
		1								3			2
						5							
			4										4
				6									
	2								4			2	
5										3			3
					3		3						

200

1								5					
9				3				2				3	
	5				3				2				3
					1								11
									1				
					2								3
				8								6	
	3								4				
8								2					
				3									
1								2					
5				3				20				7	
	4				1				2				4
					3								7

答 案

001

002

003

004

005

006

007

008

009

010

011

012

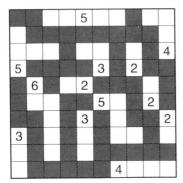

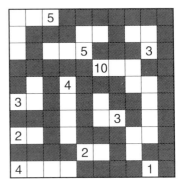

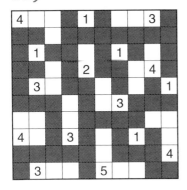

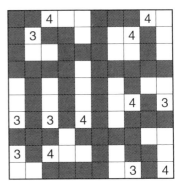

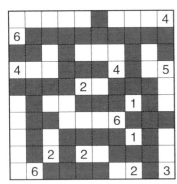

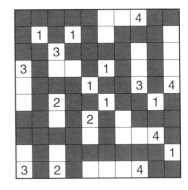

013

014

015

016

017

018

O19

O20

O21

O22

O23

O24

025

026

027

028

029

030

031

032

033

034

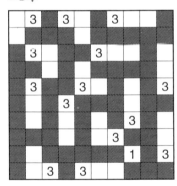

035

036

037

038

039

040

041

042

043

044

045

046

047

048

049

050

051

052

053

054

055

056

057

058

059

060

061

062

063

064

065

066

067

068

077

078

079

080

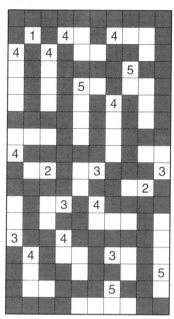

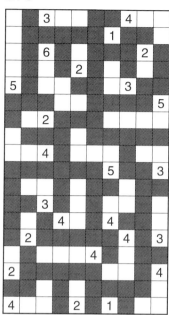

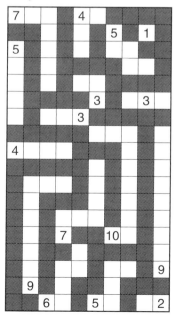

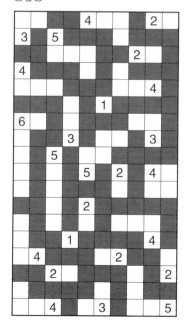

081

082

083

084

093

094

095

096

097

098

099

100

101

102

103

104

105

106

107

108

109

110

111

112

113

114

115

116

117

118

119

120

129

130

131

132

137

138

139

140

141

142

143

144

145

146

147

148

149

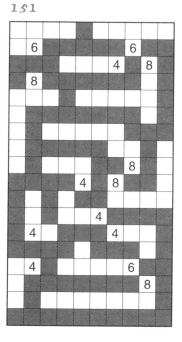

150

151

152

153

						2		4	
5		3		4					
		3		1		5			
					6		2		3
5		1		5					
			4		7		4		
					7		2		3
	6		2						

154

155

156

157

158

159

160

161

162

163

164

165

166

167

168

169

170

171

172

173

174

175

176

177

178

179

180

181

182

183

184

189

190

191

192

193

194

195

196

197

198

199

200

名师经验提炼 国手把关

例题详解 + 阶梯训练

带你玩转谜题

数 桥	温度计	星 战	肯 肯
四 风	数 壹	帐 篷	星 系
珍 珠	数 墙	美术馆	摩天楼
数 回	TAPA	战 舰	数 和